AF619479

DESCRIPTION
DES TABLEAUX

EXPOSÉS au Sallon du LOUVRE,

AVEC DES REMARQUES.

PAR UNE SOCIÉTÉ D'AMATEURS.

Extraordinaire du Mercure de Septemb.

Prix, 12 sols.

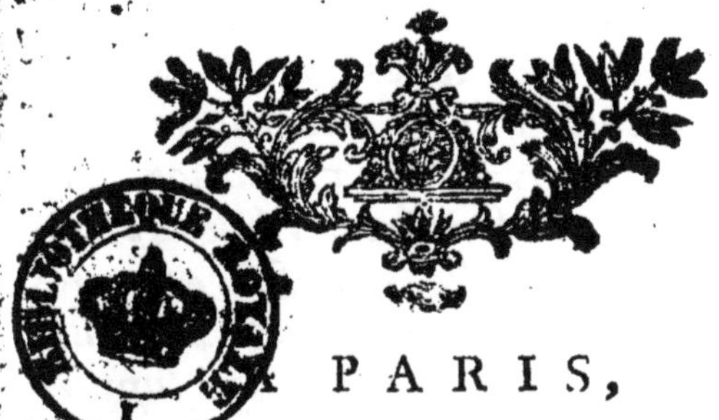

PARIS,

Au Bureau du Mercure de France, rue Ste Anne.

OU

Chez SEBASTIEN JORRY, Imprimeur-Libraire, rue & vis-a-vis la Comédie Françoise, & chez les Libraires ordinaires du Mercure.

M. DCC. LXIII.

AVERTISSEMENT.

Indépendamment des Remarques que contient cette Description, & qui peuvent servir à ceux qui n'ont pas des connoissances bien étendues sur les Arts, il y a des détails qui ne peuvent se trouver dans le Livre d'Explication que fait distribuer l'Académie. Plusieurs Tableaux n'ayant été exposés qu'après l'impression de ce Livre, cette Brochure peut en être regardée comme un supplément nécessaire.

DESCRIPTION des Tableaux exposés au Sallon du Louvre, avec des Remarques.

Par la Société des Amateurs.

VOILA la troisiéme fois que notre Société a occasion de s'occuper des Tableaux exposés au Sallon. Comme nous n'avons jamais brigué lâchement le triste suffrage de certains Lecteurs qui ne cherchent dans les Ecrits publics que ce qui peut nourrir leur secret penchant à déprimer le Siécle & les Contemporains : nous ne nous refuserons pas au plaisir d'annoncer qu'en général, dans cette dernière exposition, la Peinture de l'École Françoise paroît à tous les Connoisseurs être montée à un nouveau degré de force & de grandeur, dans le coloris ainsi que dans la composition.

En considérant ce pompeux Spectacle de nos Arts en France, où tous les deux ans se renouvellent de si abondantes richesses, nous oserons interroger les sombres contempteurs de leur âge & de leur Nation. Nous leur demanderons dans quelle région du monde & ſous quel gouvernement on pourroit, dans une même Ville, rencontrer ce nombre de Talens raſſemblés, fourniſſant dans un auſſi court eſpace de temps une pareille Collection de tous les genres ?

Une émulation ſi vive & ſi univerſelle dans nos Arts, ne peut être que le fruit de l'auguſte protection du Souverain, & de la vigilance éclairée de celui qui eſt en même temps, ſur cette partie l'organe d'un Monarque bienfaiſant & le ſage diſpenſateur de ſes graces. (*a*)

Les Arts, comme les Lettres, ne peuvent s'acquitter envers leurs protecteurs qu'en éterniſant, pour ainſi dire, la mémoire de leurs bienfaits. Les monumens des Arts ont (il faut en convenir) des avantages pour cela, qui préſentent d'abord quelque choſe de plus éclatant ; mais ils ſont plus périſſables & bien moins étendus que ceux des Lettres. Les unes & les autres doivent donc ſe prêter un mutuel ſecours pour un devoir auſſi reſpectable.

Ainſi, loin de déférer au ſentiment de ceux qui croiroient que les Ecrivains ne

(*a*) M. le Marquis de *Marigni*.

doivent point traiter de ce qui concerne les Arts, il faut au contraire conſerver, & même avec détails, dans tous les Faſtes littéraires, la gloire de leurs productions.

D'après nos principes invariables, on ne doit pas compter que nous ſoions jamais, dans nos obſervations, complices de la jalouſie des Concurrens, de la maligne cauſticité de quelques-uns des Spectateurs, ou des fauſſes façons de voir de quelques autres : mais on ne doit pas non plus s'attendre de notre part, à des éloges indiſtinctement prodigués à la prévention ou même à la célébrité des plus illuſtres Artiſtes ; ainſi qu'aux prétentions ſans bornes de l'amour-propre.

Nous ferons en ſorte de donner une idée auſſi exacte qu'il eſt poſſible de ces précieuſes productions, à ceux de nos Lecteurs qui ne ſont pas à portée de les connoître par leurs propres yeux ; en même temps, de guider & de fixer l'attention de ceux qui partagent avec nous le plaiſir de ce Spectacle, ſur les parties que nous croirons qui diſtinguent le mérite de chaque ouvrage en particulier. Quant aux défauts réels, (triſte condition impoſée à tout ouvrage humain !) ſans les avoir indiqués par nos obſervations, ceux qui auront vû le Sallon ne les auront que trop remarqués eux-mêmes, & il doit être indifférent aux autres d'en être informés par la voie d'une critique amère. D'ailleurs il y a toujours entre la ſagacité du Lecteur intelligent & la prudence de l'Ecrivain moderé, un chiffre de correſpondance qui eſt ſuffiſamment intelligible.

Nous croyons n'avoir pas d'ordre plus naturel à ſuivre dans le compte que nous allons rendre, que celui du Catalogue imprimé, qui ſe débite & qui eſt en même temps celui des rangs académiques de tous les Artiſtes qui ont contribué à enrichir cette expoſition publique.

M. CARLE VANLOO, premier Peintre du Roi.

M. CARLE VANLOO, premier Peintre du Roi, a expoſé pluſieurs Tableaux. On peut remarquer dans celui des Grâces (*b*) enchaînées par l'Amour, les efforts d'un grand Peintre, déja ſi juſte-

(*b*) Tableau de 7 pieds 6 pouces de haut ſur 6 pieds 3 pouces de large. Ce Tableau eſt pour la Pologne.

ment célébre par la beauté de ſon coloris, pour le monter (en s'exprimant ſelon l'art) à un ton encore plus élevé & répondre par là au vœu de pluſieurs Connoiſſeurs qui ſe plaignoient depuis quelque temps de ce que ce ton paroiſſoit en général s'être un peu affoibli dans notre Ecole. Ce Peintre a toujours conſervé cependant cette fraîcheur, cette fonte & cette ſorte d'aménité qui caractériſent ſon pinceau, même dans les plus fortes expreſſions. Il y a de belles maſſes de lumières dans ſon Tableau, & l'Auteur a placé ingénieuſement un rideau qui en procurant d'autres belles maſſes d'ombres, donne un effet très-piquant à ſes trois figures, leſquelles ſans ce moyen, auroient pû devenir monotones par l'égalité des tons dans les carnations. C'eſt particuliérement dans ces effets en Peinture, que ceux qui ne font pas attention aux moyens propres de cet Art, devroient être fort circonſpects à prononcer ſur ce qu'ils croyent être en droit de juger par rapport aux imitations de la Nature. Entre ces trois Figures des Grâces, celle du milieu ſe diſtingue par la beauté des proportions & par l'élégante maniére dont elle eſt deſſinée.

On doit ſçavoir gré auſſi à M. *Van-*

loo, du moyen agréable dont il s'est servi, pour voiler par les mains de l'Amour même, ce que la décence ne permettoit pas d'offrir aux yeux, en disposant adroitement les guirlandes dont cet Amour enchaîne les Graces.

Dans un autre Tableau du même Auteur, de trois pieds huit pouces de largeur sur deux pieds sept pouces de hauteur appartenant à M. le Marquis de *Marigny*, l'invention allégorique & l'exécution pittoresque se disputent d'agrément. Il représente le Dieu *Cupidon*, ou un principal Amour commandant l'exercice militaire à une troupe d'autres Amours placés en ligne, & en face de lui, vus presque de profil par le Spectateur. Ils sont en cuirasse, à la françoise, les aîles passant à travers & le casque en tête ; ils ont des *fournimens*, pareils à ceux de nos troupes, sur lesquels est empreinte la figure d'un cœur. Cette troupe est armée de fusils, la bayonnette au bout, & l'instant de l'exercice dans le tableau, est celui où l'on présente les armes. Un autre troupe d'Amours armés de sabres, vêtus & coiffés en hussards, avance de face au Spectateur sur un plan inférieur & plus éloigné que la première troupe. Derrière le principal

Amour, il y en a d'autres en différentes attitudes & tous occupés relativement au ſujet du Tableau dont le fond, orné d'un fort joli Temple, produit un aſpect riche & agréable.

On remarque, avec plaiſir, que le Peintre s'eſt attaché à répandre ſur le Chef des Amours un éclat qui le diſtingue & en déſigne très-bien la ſupériorité. A l'égard des autres; ſi notre imagination conçoit les Amours comme des Divinités, pour ainſi dire, d'une même famille & d'une même ſorte de beauté, ſeroit-on en droit de leur reprocher un peu de conformité dans les caractères de tête ?

On voit auſſi de M. VANLOO un Tableau ovale peint en cire repréſentant, à mi-corps, la Veſtale qui porte dans un crible l'eau du Tibre pour prouver ſon innocence. Cette Figure, vêtue en blanc, eſt d'un beau caractère qui indique l'action merveilleuſe du Sujet. (*c*)

Il y a encore du même Auteur deux petites Têtes peintes en cire, dont on ne peut trop louer l'agrément.

(*c*) Ce Tableau eſt du Cabinet de Madame de Pompadour.

M. RESTOUT.

Loin que ce ſoit par reſpect ſeulement pour l'âge de M. *Reſtout*, ancien Directeur, c'eſt par le mérite très-réel de ſes admirables ouvrages, que nous avons été entraînés, pour ainſi dire, avec ſes Confrères & tous les Connoiſſeurs, à leur rendre un hommage qui n'eſt pas éloigné de la vénération.

Le premier de ces ouvrages, eſt un fort grand Tableau, pour le Roi, deſtiné à être exécuté en tapiſſerie dans la Manufacture des Gobelins. Il repréſente *Orphée* deſcendu aux enfers pour en arracher *Eurydice. Pluton* & *Proſerpine* aſſis ſur l'entrée d'une caverne, fermée par de forts grillages, entre le Ténare & les Champs Élyſées, ſont accompagnés des trois Juges des Enfers. Les Parques ſont groupées dans le bas. En devant, on voit *Eurydice* entre les mains d'un Miniſtre infernal ſous la forme d'un Spectre aîlé ; *Orphée* eſt derriere elle, touchant ſa lyre.

Le deuxiéme repréſente le repas donné par *Aſſuerus*, aux Grands de ſon Royaume. On ne ſçauroit aſſez applaudir à la manière ingénieuſe & ſçavante de la compoſition de ce Sujet, dans une forme auſſi ingratte que celle d'un demi-ceintre, évidé dans la partie inférieure, pour l'ouverture d'une porte, & en tout abſolument pareil à la forme d'éventail.

Le Sujet du troiſiéme, de ſept pieds ſept pouces de large ſur neuf pieds de haut, eſt l'évanouiſſement *d'Eſther* en approchant du Trône *d'Aſſuerus* (*d*).

On ne peut trop inviter le Public à reconnoître dans les nouvelles productions de ce grand Maître, des beautés que l'on ſeroit peut-être fondé à dire qui le rendent aujourd'hui prèſque ſupérieur à lui-même, dans les plus beaux jours de ſon âge & de ſes talens. On convient généralement qu'il réunit dans ces trois Tableaux, au plus grand degré de perfection, ce qui a toujours caractériſé ſon talent. La plus belle & la plus grande harmonie dans tous les effets de ces Tableaux les rendent d'une juſteſſe & d'une vérité qui ſatisfont également les yeux & le jugement. Les poſitions des plans y ſont ſi juſtes & ſi vraies, qu'à l'aide du parfait accord dans le coloris, tout eſt diſtinct, tout eſt à ſa véritable place, & tout eſt ce-

(*d*) Ces deux derniers Tableaux ſont pour la maiſon des Feuillans, rue Saint-Honoré.

pendant uni, tout eſt enchaîné enſemble, par le grand art de cette harmonie pittoreſque. En un mot, ce Peintre aura la gloire d'avoir laiſſé à notre Ecole, les modéles des plus beaux principes de compoſition & des plus juſtes effets du coloris.

M. MICHEL VANLOO.

Quelques éloges qu'on ait dûs aux précédens Ouvrages de M. *Michel Vanloo*, ils ne ſuffiroient pas pour le plus beau de ſes Tableaux dont nous avons particuliérement à parler cette année. Il s'y eſt repréſenté lui-même aſſis devant un chevalet, ſur lequel eſt poſé le portrait de ſon père, qui fait l'objet de ſon travail. Sa ſœur eſt debout, derrière ſon ſiége, examinant ſon ouvrage. Les poſitions de ces deux Figures ſont ſi faciles & dans une ſi noble ſimplicité, que l'on peut en regarder la repréſentation comme une de ces heureuſes circonſtances, où l'Art a ſi bien mis tous ſes efforts ſur le compte de la Nature, qu'on ne ſoupçonneroit pas qu'il lui en eût couté aucuns. (*e*)

(*e*) Ce Tableau a 7 pieds de haut ſur 5 de largeur.

Toutes les vérités possibles, celles même qu'à peine on oseroit exiger de la Peinture, frappent également dans ce Tableau. La vérité de ressemblance dans les têtes est d'une fidélité la plus exacte & ne laisse rien à desirer ni à chercher; celle du coloris dans les étoffes, dans les carnations, dans les divers effets de toutes les parties, ainsi que dans la justesse des plans, opére un prestige illusoire pour les yeux les plus accoutumés à la magie de la Peinture. En un mot, on s'accorde à dire que cet Ouvrage est moins un Tableau que la réalité même de ce qu'il représente. Il y a du même Peintre plusieurs autres Portraits en buste de différentes personnes. Ils portent tous le caractère de vérité & la même beauté de ce qu'en langage d'Artiste on nomme *le faire*.

M. BOUCHER.

Nous avons encore à regretter M. *Boucher* dans cette exposition, par le peu d'Ouvrages qu'on y voit de lui. Un très-petit Tableau représentant un sommeil de l'Enfant Jesus, dans lequel on retrouve l'agrément qui caractérise son pinceau; un autre plus petit encore, mais charmant & précieux, contenant une partie de Payſage ; un troiſiéme de moyenne grandeur, où l'on voit dans un bocage agréable un Berger endormi ſur les genoux de ſa Bergère, ſont les ſeules productions dont cet aimable Génie ait fait part au Public dans le Sallon (*f*)

M. JEAURAT.

M. *Jeaurat*, en poſſeſſion d'attirer & de fixer l'attention de la multitude, par la repréſentation naïve de diverſes ſcènes, ou populaires ou domeſtiques, n'a offert à l'amuſement du Public cette année, que deux Tableaux de ce genre. L'un repréſente un Peintre dans ſon cabinet faiſant le portrait d'une jeune Dame. Le Sujet de l'autre eſt tiré d'un Conte de feu M. *Vadé*, intitulé les *Citrons de Javotte.*

M. PIERRÉ.

Entre autres Tableaux de M. *Pierre*, nous nous arrêterons ſur celui qui eſt deſtiné à être exécuté en tapiſſerie à la Manufacture Royale des Gobelins. Le Sujet eſt la métamorphoſe d'*Aglaure* en pierre, pour avoir voulu empêcher

(*f*) Le premier de ces Tableaux a 2 pieds ſur un.

Mercure d'entrer chez sa sœur *Hersé* dont ce Dieu étoit amoureux. Ce Tableau est d'une fort belle entente & d'une sçavante composition. Tous les personnages y ont une expression juste, relative au Sujet & conforme à la passion dont ils doivent être affectés. Les Plans *jouent* (si l'on peut user de cette expression) dans un site convenable, & sont très-distincts par leurs effets, chacun selon son aspect naturel. Il seroit peut-être à desirer que ce Tableau eût été placé dans une autre position que celle où il est vu au Sallon, parce que la lumière glissant de côté, altére les effets du coloris relativement au jour pour lequel il a été fait ; & par là les effets ne doivent plus être les mêmes qu'ils auront paru dans le Cabinet de l'Auteur. D'ailleurs, il est à observer que destiné, comme on l'a déjà dit, à l'exécution en tapisserie, cet ouvrage doit être consideré sous ce point de vue. On sçait combien ce Maître a donné de preuves de son intelligence dans ce que la Peinteure peut procurer d'officieux à la Fabrique de la Tapisserie, & les succès en sont garants. Ainsi les motifs qui dirigent sa manière dans ces sortes de Tableaux, doivent entrer en considération dans les jugemens qu'on en porte & déterminer à la justice légitimement duë aux grands talens du Peintre.

Une Mère qui s'est poignardée de douleur après le meurtre de son fils dans le massacre des Innocens, offre un spectacle d'horreur & de pitié dans un autre Tableau de M. *Pierre.* Ces sortes d'objets, sur lesquels le Public, qui ne cherche que l'amusement, évite d'arrêter long-temps ses regards, ne peuvent attendre des suffrages que des Maîtres ou des Connoisseurs de l'Art; il sort peu d'ouvrages des mains de ce Peintre qui n'ayent des Titres sûrs pour en mériter. On voit aussi de lui un ouvrage d'un genre différent, c'est une Bacchante endormie. On doit trouver à applaudir dans toutes les productions des Maîtres qui connoissent aussi bien les grands principes de l'Art.

M. NATTIER.

M. *Nattier*, célébre dans l'Art de prêter des graces à la Nature sans la faire méconnoître, n'a pas eu besoin de ce talent pour nous conserver l'image d'une femme que la mort lui a enlevée il y a plusieurs années, & dans la perte de laquelle tous ceux qui la connoiſſoient ont eu à regretter encore plus les charmes de l'eſprit que ceux de la figure. Le Tableau qui contient le Portrait de feue Madame *Nattier*, dans le plus bel âge, celui de l'Auteur & des enfans très-jeunes qu'il avoit alors, qui paroît par là avoir été fait, ou au moins commencé il y a long-temps, eſt le ſeul de ce Peintre que l'on ait expoſé au Sallon. Son âge & les infirmités qui l'accompagnent ordinairement, ne le diſpenſent que trop de concourir avec de plus jeunes Emules. On doit lui tenir compte aujourd'hui, de ſes travaux paſſés & du ſuccès qu'ils ont eus. (*g*)

M. HALLÉ.

Pluſieurs Tableaux de M. *Hallé*, expoſés cette année, font honneur aux talens de ce Peintre. Nous ne parlerons que du plus apparent par ſon étendue: le Sujet eſt *Abraham* (*h*) recevant les Anges qui lui annoncent la fécondité de *Sara*. On remarque avec de très-juſtes éloges dans ce Tableau, ainſi que dans

(*g*) Ce Tableau eſt de 5 pieds 5 pouces de largeur ſur 4 pieds 10 pouces de hauteur.

(*h*) 8 pieds de largeur ſur 2 pieds 8 pouces de hauteur.

tous les autres du même Peintre, un fort beau genre de composition, dans le noble & dans la manière qui mérite le plus de considération des Connoisseurs; de l'accord & de l'entente dans les couleurs. Si nous n'entrons pas dans plus de détails sur les productions de cet Artiste, c'est bien moins faute de choses avantageuses à y faire remarquer, que faute d'espace & de temps, par les bornes que nous avons dû nous imposer pour cette Description.

M. VIEN.

Les Ouvrages de M. *Vien* se distinguent au Sallon par une rigoureuse imitation de l'Antique. Il en avoit précédemment montré quelques essais; il semble avoir totalement & exclusivement adopté ce genre, au moins à cette exposition. Une grande simplicité dans les positions des figures presque droites & sans mouvement, très-peu de draperies, communément assez minces, sans jeu & pour ainsi dire collées sur le nud; une sévère sobriété dans les ornemens accessoires, voilà, comme l'on sçait, ce qui caractérise particuliérement l'*Antique*. Si tant d'austérité peut quelquefois, même en Sculpture, paroître à des yeux vulgaires une indigence froide & insipide, sera-t-elle en Peinture un mérite réel & un moyen nécessaire à la perfection de notre Ecole ? C'est une discussion dans laquelle il ne nous appartient pas d'entrer. Des Connoisseurs plus éclairés que nous ont pensé apparemment que cette méthode & ce genre de goût auroient des avantages. Il est certain au moins, & le Public le pensera comme nous, que ce n'est ni par caprice, ni assurément par impuissance de talent dans d'autres genres, que M. *Vien* ne présente aujourd'hui que celui-ci à notre curiosité. Dans le cas où il seroit décidé que ce genre porteroit l'Art à de nouveaux progrès, il faudroit louer le courageux désintéressement de sacrifier le nombre des suffrages au poids de leur valeur. On inféreroit injustement de là, qu'aucun des Ouvrages exposés par M. *Vien* n'occupe agréablement les regards du Public. On ne peut au contraire se refuser au sentiment agréable qu'inspire entr'autres la tendre & naïve expression d'une jeune Fille qui va présenter une offrande au Temple de *Vénus*. Les grâces touchantes des prémices du cœur y sont mariées avec la timidité de la Pudeur. On eſt affecté d'un Tableau piquant, où la Nature ſans voiles, dans une attitude fort ſimple, mais ſouple & gracieuſe, attire, flatte & rappelle nos regards. Ce Tableau offre l'image d'une Femme ſortant du bain & ſervie par une Eſclave. Il régne ſur la principale Figure un bel effet de lumiere qui donne de l'éclat à la carnation, & le deſſein nous en a paru aſſez correct & aſſez élégant pour plaire autant aux Amateurs des moyens pratiques de l'Art, qu'à ceux qui n'en jugent que par les effets.

Deux repréſentations différentes de la belle *Glycère*, qui vendoit des couronnes de fleurs aux portes des Temples d'Athénes, peuvent être fort agréables pour les Curieux de l'Antiquité. Un autre Tableau, de forme différente, dans lequel le Peintre a très-bien rendu la vérité gracieuſe & naïve d'une jolie Femme arroſant un pot de fleurs, eſt encore très-digne de l'attention du Public. Mais celui qui en eſt le plus remarqué, eſt un Tableau dont le Peintre a emprunté le Sujet d'une Peinture conſervée dans les ruines d'*Herculanum*. Il eſt intitulé dans le livre d'explication *la Marchande à la toilette*. Cette Marchande eſt une eſpéce d'Eſclave qui présente à une jeune Grecque, assise près d'une table antique, un petit Amour qu'elle tient par les aîlerons, à-peu-près comme les marchands de volailles vivantes présentent leurs marchandises. Un pannier dans lequel sont d'autres petits enfans ailés de même nature, indique qu'elle en a forti celui qu'elle offre pour montre. Indépendament de la singularité de cette composition, les Connoisseurs trouvent dans l'ouvrage beaucoup de choses à remarquer à l'avantage du Peintre moderne.

Il y a des beautés à louer dans deux autres Tableaux du même Auteur. *Proserpine*, ornant de fleurs le Buste de *Cerès*, & une Prêtresse qui brule de l'encens sur un trépied.

Il est certain que dans chaque production des Anciens en Sculpture ou en Peinture, on reconnoît toujours les traces d'un modéle commun à tous, & ce modéle étoit le beau idéal : il en résulte pour nous, plus amateurs de la variété, une conformité que nous devons taxer de monotonie. Ce seroit donc un mérite dont on sçauroit gré à leurs imitateurs, que de servir notre goût pour la variété, ſans néanmoins s'écarter du fond de leurs principes ; c'eſt ce que doit faire tout Artiſte qui entreprend de ſuivre ces modéles. Quant à la préférence que peut mériter cette imitation, tout ſe réduit à ſçavoir ſi le peu qui nous reſte des Peintures de l'Antiquité, abſtraction faite de l'exactitude du *Coſtume*, procure à l'Art des exemples dont il puiſſe s'enrichir & qui doivent l'emporter ſur ceux que nous ont laiſſés les plus grands Maîtres de nos Ecoles modernes depuis *Raphaël* juſqu'à ceux de nos jours ? C'eſt une queſtion que nous croyons prudent à nous de réduire en problême, plus prudent encore de n'en pas hazarder la ſolution, & que chacun eſt en état de réſoudre. Il nous ſeroit difficile cependant de diſſimuler les regrets que nous avons entendus faire de pluſieurs côtés, ſur ce que fait perdre aux Curieux, dans le ſtyle naturel de notre Ecole, pour lequel M. *Vien* a des talens ſi précieux, l'attachement & l'application qu'il paroît vouer depuis quelque temps à ce ſtyle antique, que pluſieurs d'entre les Amateurs pourroient bien ne pas eſtimer autant les uns que les autres, & dont il eſt aſſez évidemment prouvé que le général du Public diſpenſeroit volontiers nos Artiſtes.

M. DE LA GRENÉE.

Les fruits heureux de l'émulation qui anime nos jeunes Maîtres, ſont très-ſenſibles dans les Tableaux de M. *de la Grenée.* Nous deſirerions pouvoir en donner aux Lecteurs une idée qui répondît à ce qu'ils méritent, & à la ſatisfaction qu'ils donnent aux Connoiſſeurs. Nous croyons devoir une attention particulière à deux Tableaux, de même grandeur, de ce Peintre; ils ſont du nombre de ceux qui arrêtent le plus de regards & qui réuniſſent le plus de ſuffrages. L'un repréſente *Suſanne* ſurpriſe aux bains par les deux *Vieillards*, & l'autre la jeune *Aurore* quittant la couche du vieux *Titon.*

On ne pouvoit donner plus d'expreſſion & une expreſſion plus juſte, plus convenable & plus caractériſtique, que celle de la tête de *Suſanne* dans le premier de ces Tableaux. On y voit le ſentiment de la ſurpriſe & de l'indignation; on peut y remarquer même un principe d'honnêteté ſupérieur à l'habitude ſervile des préjugés. Le deſſein de cette

Figure eſt de la meilleure manière & d'une grande intelligence. Les *Vieillards* forment, comme on l'imagine bien, un contraſte marqué avec la *Suſanne*, & le tout eſt d'un bel accord de couleurs.

Le Tableau de l'*Aurore* eſt encore plus piquant & a quelque choſe de plus fort que le précédent, non ſeulement dans les expreſſions, mais encore dans le coloris. Il eſt fâcheux que l'Auteur ait été probablement contraint, par une dimenſion donnée, de reſtraindre ſa ſcène dans un eſpace trop petit pour l'étendue de ſon action, pour le nombre & pour les proportions des Perſonnages.

On remarque encore avec plaiſir du même Auteur un Tableau de forme ovale, que l'on a intitulé *la douce Captivité*, dans lequel eſt repréſenté le Buſte d'une jeune Femme careſſant un Pigeon qu'elle tient entre ſes mains. On ne tariroit pas d'éloges ſur un petit Tableau d'une Vierge careſſant l'Enfant Jeſus, ſi l'on vouloit en détailler toutes les fineſſes de pinceau, de deſſein, de couleur & de compoſition. Une autre Vierge qui prépare des alimens à ſon divin Enfant, eſt digne auſſi de beaucoup

beaucoup d'obſervations favorables. On pourroit en dire autant de pluſieurs deſſeins du même Auteur qu'il a cru devoir expoſer, & dont nous ne donnerons pas le détail par les motifs dont nous avons ci-devant fait mention.

M. DESHAYS.

S'il étoit permis dans un Ouvrage de critique de ſe ſervir d'expreſſions ou de figures poëtiques, nous dirions avec beaucoup de juſteſſe, en parlant de M. *Deshays*, que nous allons célébrer le Soleil levant de l'Ecole Françoiſe. Ce que l'on a vu précédemment de ce jeune Peintre, pouvoit être en effet conſidéré comme les premiers rayons de la gloire dont il eſt couronné à cette expoſition. C'eſt d'après l'admiration univerſelle du Public, & l'on peut dire avec confiance, d'après le ſuffrage de ſes plus célébres Rivaux, qu'en lui donnant cet éloge, nous ne faiſons que marquer la Place qu'ils lui ont aſſignée eux-mêmes dans les premiers rangs de Peintres d'Hiſtoire du plus grand genre.

(*i*) Le premier des Tableaux de M. *Des-*

(*i*) Ce Tableau a 19 pieds de haut ſur 11 pieds de large.

hays non ſeulement par la grandeur de ſa forme, mais par celle de la compoſition & de l'effet, offre l'auguſte & myſtérieux ſpectacle du chaſte mariage de la Sainte Vierge avec Saint-Joſeph. C'eſt plus qu'en Poëte, c'eſt en Prophête inſpiré que le Peintre a traité ce Sujet, ſi ſimple en apparence, & devenu ſi noble par l'élévation de ſon génie. Un Grand-Prêtre de la Loi de Moyſe eſt debout & tourné vers les Saints Époux, ſur une Eſtrade en avant d'un Autel ou d'une Table, couverte de napes de lin. Il a les bras étendus, & le regard dirigé vers une Gloire qui l'illumine. Rien de plus expreſſif & de plus divin que le caractère de cette Tête, où ſans effort d'imagination, on lit les grands Myſtéres que Dieu révéle en ce moment à ſon Pontife. Il ſemble voir & ſuivre dans le Ciel l'ordre des merveilles que l'éternelle Providence doit opérer dans la jeune épouſe que l'on bénit. Ce n'eſt point par éxagération forcée dans le jeu des traits que le Peintre a donné ce ſublime caractère à la tête du Grand-Prêtre. Il a, pour ainſi dire imprimé, avec la plus vive chaleur, dans cet enthouſiaſme divin, & la Majeſté du Dieu qui inſpire,

& la dignité du Ministère sacré qu'exerce le Pontife. Autant d'intelligence caractérise la Figure de la Sainte *Vierge* qui reçoit aux pieds de ce Grand-Prêtre l'Anneau conjugal des mains de Saint *Joseph*. C'est tout un autre genre de caractère, mais c'est la même justesse & le même sublime. Une candeur céleste éclaire, embellit, & rend encore plus touchante, la beauté simple & en même-temps très-noble, que le Peintre a donnée à la tête de la *Vierge*. Cette grande & majestueuse simplicité est prononcée d'une manière sensible, non-seulement sur la tête, mais encore sur toutes les parties de cette belle Figure.

Le Saint *Joseph* a la juste expression qui lui convient, & dans un genre analogue à la grande idée que le Peintre a conçue & très-bien rendue de ce saint Hyménée. Deux jeunes Lévites remplissent leurs fonctions aux pieds de l'Autel, dans un des angles inférieurs du Tableau.

Si le Peintre a excellé dans l'invention & dans ce que nous appellons la composition poëtique de son Sujet, il ne mérite pas moins d'admiration dans l'exécution pittoresque. On doit lui pardonner de s'être permis un peu de licence contre l'auſtère vérité du *Coſtume* à l'égard des vêtemens du Grand-Prêtre, en faveur du grand & magnifique effet qui en réſulte. On ne peut rien voir de mieux entendu que le jet des draperies du *ſur-vêtement* de ce Prêtre. L'enthouſiaſme ſemble y régner autant que dansle caractère de la tête ; mais toujours avec une ſageſſe & une juſteſſe de goût que nous ne pouvons trop louer. Le *moëlleux* & la force qui caractériſent éminemment le pinceau de l'Auteur ſe font ſpécialement remarquer dans ce Tableau, le choix & l'effet des étoffes, y ſont également admirables. Le ſage enſemble par lequel le Peintre a, comme nous l'avons dit plus haut, déſigné la divine vocation de la Vierge, eſt encore, ſi l'on peut dire, complетté par le genre & l'exécution des belles draperies de cette Figure. Leur noble ſimplicité, l'entente & la ſobriété des plis y ſont parfaitement analogues, & le ſont ſans froideur, ſans ſéchereſſe, & ſur-tout ſans cette roideur ſi difficile à éviter, lorſque l'on pratique cette ſorte de manière de draper. La magie du clair obſcur & de l'effet du coloris, a été pratiquée, à ce qu'il nous ſemble, avec un succès étonnant dans tout ce Tableau; nous l'avons particuliérement remarquée sur les deux jeunes Lévites, tous deux vêtus de lin, postés très-près l'un de l'autre, & joignant les linges qui couvrent l'Autel. L'art des effets, dans tous ces mêmes blancs, est si heureusement employé, que les objets & chaque partie des objets, sont d'une distinction sensible, en même-temps de la plus grande vérité, & d'une grande perfection d'accord avec les autres objets, dans l'ensemble du Tableau, duquel un des grands mérites est la beauté de l'harmonie générale. Cette masse que forment les jeunes Lévites, produit encore, relativement à d'autres effets, un avantage qui ne nous a pas échappé. Comme elle est posée dans l'angle inférieur du Tableau qui répond à l'angle supérieur où est la Gloire, elle contribue admirablement à étendre & à élargir le grand effet de lumière qui frappe sur la partie dominante de toute cette grande & riche composition.

Nous aurions à faire remarquer l'éclat de cette Gloire, les rapports ingénieux & agréables d'effet des accessoires avec les parties principales, jusques dans les fleurs dont sont jonchés les gradins de l'Autel & le pavé du Temple : mais nous ſerions peut-être prolixes, ſans être pour cela aſſez exacts. Il eſt des objets pour leſquels toute deſcription eſt inſuffiſante : ce beau Tableau eſt de ce nombre. Qu'il nous ſoit permis, avant de finir, d'adreſſer un reproche bien fondé à notre Capitale, ſur ce qu'elle abandonne en quelque ſorte, aux Temples des Provinces, des morceaux de diſtinction, tels que celui-ci & d'autres que l'on pourroit citer, qui devroient reſter dans ſon ſein pour ſervir de monumens à ſa ſplendeur & à la gloire de nos Arts. Il eſt plus que ſingulier que ceux auxquels eſt confié l'entretien des Temples, faſſent en Province plus d'efforts de dépenſes pour enlever à la Capitale des productions de prix, que l'on ne daigne en faire pour les y conſerver.

Une Scène plus forte que la précédente & d'un genre différent, a exercé le pinceau de M. *Deshays* dans beaucoup moins d'eſpace ſur la toile, mais avec autant d'étendue de génie ; c'eſt la *Réſurrection du Lazare*. (*k*) Le Peintre a fait plus appercevoir &

(*k*) Ce Tableau ne ſe trouve point dans le Livre du Sallon.

plus sentir le Dieu que l'Homme dans le caractère de la Figure de *Jesus-Christ*. Les différens mouvemens de surprise, de terreur & d'admiration, sont ingénieusement variés, & parfaitement prononcés sur les visages des trois Apôtres qui regardent sortir le Mort de son tombeau. Ce dernier est frappant de terreur, il est élevé à mi-corps dans une espéce de fosse, dont on a relevé les terres & la pierre qui la couvroient. Il est encore dans les linceuls de la mort d'où il semble faire effort pour dégager ses mains, serrées dans des bandelettes, afin de les élever vers son Sauveur. Rien de mieux pensé, dans ce Tableau, que la différence dont sont affectées deux Femmes témoins du Miracle; l'une est toute entiere encore à l'étonnement & à la considération terrible de l'événement, tandis que l'autre, prosternée la face contre terre, adore dans son âme la Divinité qui opére. Le site, le ton de couleur, la fierté du dessein, quoique dans des Figures de petites proportions, tout est relatif, tout est adapté à la nature du Sujet. Nous ne pouvons mieux nous expliquer à l'égard de cet Ouvrage, que d'après les plus illustres Confrères de son Auteur, qui l'ont comparé aux plus belles productions de *la Fosse*.

Dans le Tableau intitulé : *la Chasteté de Joseph*, ce Peintre, différent de lui-même, toujours égal & quelquefois supérieur aux plus grands modèles de chaque genre, a rendu, peut-être jusqu'au danger de la séduction, (mais sans indécence) des beautés que l'usage voile à nos yeux. La femme de *Putiphar* est représentée s'élançant du lit où elle vouloit faire entrer le chaste *Joseph* qu'elle retient encore par ses vêtemens. Le crime & la frayeur d'une passion trompée dans son espoir, sont vivement exprimés dans les yeux & sur le visage de cette coupable femme. Ce que le linge dont elle est couverte laisse voir du reste de la figure a tous les charmes, auxquels peut atteindre l'imitation de la nature. Il y a des passages de demi-teintes dans les parties nues, & un artifice de coloris qui produisent toutes les rondeurs & tous les autres beaux effets du relief naturel. Le Peintre a donné un caractère de beauté un peu mâle, mais agréable, à son *Joseph*. L'expression du sentiment de cette Figure est délicate & difficile à rendre, à cause du contraste de la vertu qu'elle doit exprimer, avec la perverſité trop commune dans nos mœurs. Il nous a paru cependant de la nobleſſe dans l'air de priere & d'invocation, avec lequel *Joſeph* demande au Ciel des ſecours pour lui-même contre la ſéduction des ſens, ou reclame la Juſtice Divine contre l'entrepriſe hardie de la belle Criminelle.

Ce qui nous reſte à dire ſur ce Tableau, c'eſt qu'outre les beautés de deſſein, dont nous ne devons plus parler, parce qu'elles ſont généralement connues dans tous les Ouvrages de M. *Deshays*; ſon pinceau eſt comparable pour la fraîcheur, pour le ſuave, pour la juſteſſe des effets & la richeſſe des étoffes, à ce que l'on connoît de plus beau en ce genre des grands Maîtres d'Italie & de nos meilleurs Coloriſtes François. (*l*)

Nous avons vu du même Peintre un Tableau de Vierge d'un très-beau caractère. (*m*) Deux autres Têtes : l'une d'un vieillard, l'autre d'une jeune

(*l*) Ce Tableau a 4 pieds 6 pouces ſur 5 pieds 4 pouces.

(*m*) Deux pieds 6 pouces, ſur 2 pieds.

Femme qui range avec ſon éventail la coëffe d'un mantelet dont elle eſt enveloppée, nous ont paru, chacune dans leur genre, mériter l'attention des Connoiſſeurs. La première a les grandes parties de la Peinture utiles à l'étude de cet Art; la ſeconde eſt auſſi piquante par l'invention & le tour d'action, que par la fraîcheur & par l'effet de la lumière.

Le ſoin laborieux d'étendre ſes talens, & ſur-tout d'en ſoumettre les productions au jugement du Public, eſt remarqué à ces expoſitions, où M. *Deshays* ne ceſſe d'en recueillir le fruit. On ſe plaît à voir encore dans celle-ci des Marches, des Caravanes & des Payſages garnis d'animaux, par ce même Peintre; nous avons entendus tous les meilleurs Connoiſſeurs & les plus habiles Artiſtes, ſe réunir à comparer ces ſortes de Tableaux aux Ouvrages ſi célèbres du *Bénédette.* On y reconnoît la même délicateſſe de touche, la même élégance de deſſein, & les mêmes beautés de coloris.

Nous avons eu déjà occaſion de remarquer dans ce Peintre un des plus grands mérites qu'on puiſſe avoir en Poëſie comme en Peinture; c'eſt de prendre le ſtyle exactement propre à chaque Sujet qu'on traite. Nos Obſervations ſur les Ouvrages qu'il vient d'expoſer confirment plus que jamais cet éloge. M. *Deshays* ne paroît en effet avoir aucune manière affectée : c'eſt le Peintre de tous les genres, & il ſeroit difficile de déterminer celui dans lequel il excelle le plus. Son célèbre beau-père a été nommé le *Fontenelle* de la Peinture ; nous oſons prédire que le gendre en ſera nommé le *Voltaire*.

M. AMEDÉE VANLOO.

Toujours heureux dans la Peinture, le grand nom de *Vanloo* eſt fort bien ſoutenu cette année par M. *Amédée*. On apperçoit avec ſatisfaction l'avantage qu'il a retiré de ſa réſidence en France, qui le rapproche d'une famille, où il trouve des modéles ſi utiles : on en voit particulièrement le fruit dans deux Tableaux, dont l'un repréſente une Prédication de S. Dominique devant un Souverain Pontife, & l'autre S. Thomas d'Aquin, compoſant ſes Ouvrages ſous l'inſpiration du Saint-Eſprit. Il y a dans ces deux Tableaux des beautés de compoſition & de coloris, qui peuvent faire honneur aux talens de ce Peintre, & qui marquent ſenſiblement d'heureux progrès. Nous avons été embarraſſés dans l'un de ces deux Tableaux à nous rendre raiſon de quelques lumières qui paroiſſent ſe croiſer, comme ſi elles partoient de points oppoſés. Peut-être l'Auteur a-t-il eu pour cela des motifs dont il eſt plus en état de rendre compte que nous ; peut-être auſſi nos yeux ont-ils été trompés dans cette obſervation.

On a expoſé encore de ce Peintre deux Tableaux repréſentans des Jeux d'enfans, & un autre l'Enfant Jéſus, avec un Ange qui lui montre les Attributs de la Paſſion ; Ouvrage dont le Sujet a ſans doute été exigé, & auquel a été aſſujettie l'exécution.

M. CHALLE.

Pluſieurs Tableaux d'Hiſtoire, & d'aſſez grande forme par M. *Challe*, prouvent que cet Artiſte travaille toujours avec application ſur des bons principes & dans un genre que l'on doit encourager. *La mort d'Hercule*, *Milon de Crotone*, *Eſther évanouie aux pieds d'Aſſuerus*, & une *Vénus endormie*, ſont les Sujets qu'a traités M. *Challe* dans ces Tableaux. On voit encore de lui, quatre Deſſeins d'Architecture, repréſentant d'anciens Monumens dans lesquels les curieux d'antiquités trouvent de quoi satisfaire leur goût.

M. CHARDIN.

C'est avec d'autant plus de plaisir que nous allons parler de Tableaux de fruits & autres objets du genre de M. *Chardïn*, que cet illustre Artiste semble, dans l'exposition de cette année, avoir renouvellé toute la force de son talent. On ne peut voir d'effet plus piquant, plus vrai, plus naturel, & de touche plus sçavante & plus artificieuse que ce que présentent en général les petits Ouvrages dont il a orné le Sallon, & entr'autres un Déjeuné qui est la nature même des objets qu'il a imités, & qui sont offerts aux yeux sous l'aspect le plus attrayant.

On reconnoît & l'on doit avouer que ce grand Peintre est encore le Maître & le modéle du genre qu'il a pour ainsi dire créé. Indépendamment de ce que M. *Chardin* a contribué par l'agrément de ses Ouvrages à la décoration du Sallon, on lui doit encore un juste tribut d'éloges pour l'ordre qu'il a été chargé de mettre dans la disposition de tant de chefs-d'œuvres divers. On est convenu généralement au premier coup-d'œil, comme après un examen plus recherché, que jamais on n'avoit distribué avec plus d'intelligence les différentes parties de cette riche Collection, tant pour la beauté de l'ensemble, que pour l'avantage particulier de chacun des morceaux qui la composent.

M. DE LA TOUR.

Les suffrages du Public sont toujours les mêmes sur les productions du célébre M. *de la Tour*. Parmi un grand nombre de Portraits qu'il a présentés cette année, on y distingue ceux de *Monseigneur le Dauphin* & de *Madame la Dauphine*, ainsi que ceux de *Monseigneur le Duc de Berry*, de *Monseigneur le Comte de Provence*, du Prince *Clément*, & de la Princesse *Christine* de Saxe. Il est difficile d'exprimer avec quel plaisir tout le monde est frappé de l'étonnante vérité des Portraits de M. le Moine, Sculpteur du Roi, & d'un Ecclésiastique connu du Public, & très-considéré dans la Magistrature.

M. FRANCISQUE MILLET.
M. BOIZOT.

Il y a dans deux Paysages de M. Millet, & dans plusieurs Tableaux de M. Boizot, des choses qui peuvent faire honneur à ces deux Académiciens, & où les Connoiſſeurs retrouvent toujours quelques effets des bons principes de notre École Francoiſe.

M. VÉNEVAULT.

Les Amateurs de la Miniature, genre dans lequel M. *Vénevault* s'eſt à juſte titre acquis une grande réputation, ont lieu d'être ſatisfaits des ouvrages de cet Artiſte. Le Portrait étant l'objet le plus ordinaire de la Miniature, ces ſortes d'ouvrages n'intéreſſent le plus ſouvent que relativement à la connoiſſance qu'on a de ceux qui y ſont repréſentés. M. *Vénevault* a attiré la curioſité de tout le monde, ſur une compoſition dans laquelle on voit un homme connu dans la Littérature, qui ſous ſon habit ordinaire d'Abbé, fait une lecture à une jolie Femme ſa parente. Le contraſte des deux phyſionomies, & le mérite de l'expreſſion caractériſtique ont fait chercher ce Morceau, parmi les grandes & ſerieuſes beautés qui frappent les regards & on l'a vu avec le même plaiſir qu'une petite Piéce agréable après la repréſentation des grands Drames héroïques.

M. BACHELIER.

M. *Bachelier* a donné des preuves de l'étude particulière qu'il fait depuis quelques années dans le grand genre d'Histoire, & des succès qu'il peut se promettre d'y obtenir ; par l'exposition d'un Tableau qui représente Caïn venant de tuer son frere Abel : il a pris ce Sujet dans le Poëme de M. *Gesner*. C'est aussi dans cette source qu'il a puisé les Sujets de plusieurs Esquisses en grisaille, dans lesquelles on trouve généralement autant de force de génie que d'exécution. Ces derniers morceaux font singulièrement honneur aux talens de l'Artiste. Nous n'entrerons pas en un plus grand détail sur les beautés remarquables de ses Ouvrages, pour éviter la prolixité & les répétitions. Les bornes de cet écrit nous empêchent aussi de détailler des peintures allégoriques du même Auteur sur l'Europe sçavante, le Pacte de famille, &c.

M. PERRONNEAU.

Plusieurs Portraits en pastel, par M. *Perronneau*, sont vus avec satisfaction, tant pour les vérités de ressemblance que pour d'autres parties qui méritent l'attention des Connoisseurs.

M. VERNET.

Nous n'avons point d'expreſſions, & il ſeroit difficile d'en trouver pour rendre toute l'admiration qu'on a donnée aux Ouvrages expoſés par M. *Vernet*, & pour en célébrer le rare mérite. Ils conſiſtent, 1°. en deux grands Tableaux, l'un repréſentant le Port de Rochefort, & l'autre celui de la Rochelle. Dans l'un & dans l'autre ſe trouve réuni tout ce qu'a jamais produit & tout ce que pourra produire le preſtige de la Peinture. L'ingratitude des Fabriques répétées & pour ainſi dire *rimées*, qui ſe trouvent dans ces Ports, eſt ſi ingénieuſement ſauvée par l'artificieux emploi des lumières, qu'elles deviennent des beautés auxquelles on ne peut ſe refuſer, & d'où les regards ont peine à s'arracher. Chaque objet particulier eſt d'une ſi éxacte vérité, que ce n'eſt point l'imitation, mais la nature même qui nous y attache; & l'enſemble de ces objets eſt ſi artiſtement fondu, ſi bien lié par l'art du Peintre, que rien ne heurte la vue, & que tout ſatisfait également celle du Connoiſſeur comme celle du Vulgaire. Le ſpectateur diſtingue chaque partie de ces admirables compoſitions; il marche dans les chemins qui y ſont tracés ; il eſt prêt d'aller à bord avec les Matelots ; il parcourt les Atteliers, voit les différentes manœuvres, il converſe avec les perſonnages dont les Figures, ingénieuſement grouppées, donnent de la vie & du mouvement à ces chefs-d'œuvre de l'Art. (*n*)

Quatre autres Tableaux du même Auteur, repréſentant les quatre Parties du Jour, (*o*) enrichiſſent encore le Sallon. Nous ſommes réduits à la répétition des mêmes éloges, que nous deſirerions pouvoir rendre encore plus forts, pour qu'ils fuſſent moins éloignés du mérite réel de toutes ces productions. On admire dans ces Tableaux, comme dans les premiers, la juſte expreſſion dans les effets de chacun des différens points du jour ; la parfaite analogie des teintes avec le ton vrai de la Nature, dans les diverſes manières dont les objets ſont éclairés, & ſur-tout la ſublime intelligence de la perſpective aërienne, que ce grand Maître poſſéde au moins

(*n*) Ces Tableaux appartiennent au Roi, & ſont de la ſuite des Ports de France, & exécutés par M. *Vernet*.

(*o*) Ces Tableaux appartiennent à Monſeigneur le Dauphin.

aussi parfaitement que *Claude le Lorrain*, en y joignant des avantages que peut-être n'ont pas les Ouvrages de cet illustre Paysagiste. Ces quatre Tableaux ont un égal degré de perfection ; mais au gré de quelques Curieux, celui qui représente la Nuit, paroît le plus piquant, par la parfaite imitation des effets d'un clair de Lune sur tous les objets, & particulièrement sur les eaux.

Il y a encore plusieurs autres Ouvrages de ce grand Peintre qui méritent l'attention & les suffrages des Connoisseurs ; dans le nombre de ces Tableaux on remarque un Paysage, dont le Sujet est la Bergère des Alpes, & deux Marines d'imagination. (*p*)

M. ROSLIN.

Les talens de M. *Roslin* pour le Portrait, si connus & déjà si estimés, paroissent être parvenus à la supériorité dans beaucoup de parties ; telles sont les vérités d'effet, la perfection & le fini des détails, ainsi que l'heureux *agencement* des draperies & des étoffes ; à

(*p*) Ces deux derniers Tableaux sont du Cabinet de Madame de Pompadour.

quoi il joint éminemment le plus beau *faire* dans les têtes, les plus fidelles & en même-temps les plus avantageuſes reſſemblances; la correction du Deſſein, l'harmonie & enfin toutes les grandes parties de la Peinture; c'eſt ce qu'on remarque particulièrement dans les Portraits de M. le Duc de Praſlin, de M. le Baron de Scheffer, d'un Abbé de Clairvault, ainſi que dans celui de Madame la Comteſſe d'Egmont & de M. le Comte de Kernicheuw en habit de Cérémonie de l'Ordre de S. André de Ruſſie. On admire avec ſurpriſe, ſingulièrement dans ce dernier Portrait, la juſteſſe & l'éclat de l'imitation des étoffes très-riches en or & en argent qui forment l'habillement.

M. VALADE. M. DESPORTES.

Le premier de ces deux Peintres a expoſé différens Portraits en paſtel, dans leſquels on trouve beaucoup de reſſemblance; un entr'autres qui repréſente M. *Loriot*, Ingénieur méchanicien, mérite l'attention particulière des Amateurs du paſtel, en ce qu'une moitié ſeulement de ce Tableau, eſt fixée par le ſecret qu'a découvert M. *Loriot*, & que l'on n'apperçoit aucune différence ni altération entre la partie fixée & celle qui ne l'eſt pas. On voit quatre Tableaux de Fruits de M. *Deſportes*.

MADAME VIEN.

Les charmans Ouvrages de cette Académicienne continuent de juſtifier la rare diſtinction dont elle a été honorée par ſon admiſſion dans l'Académie ; avantage qui lui ſeroit uniquement propre ſans l'exemple de la fameuſe Demoiſelle *Roſa-Alba*.

M. DE MACHY.

On ne peut donner trop d'éloges aux Sujets que nous avons vus de M. *de Machy* dans le genre d'Architecture. Ils conſiſtent 1°. dans la repréſentation de l'intérieur de l'Egliſe projettée pour la Paroiſſe de la Magdeleine (*q*) ; ce Tableau donne & remplit très-bien l'idée d'un beau Temple avec de grands effets, très juſtes & d'un riche aſpect. 2°. Le deſſous du Périſtile du Louvre du côté de la rue Fromenteau, éclairé par une lampe. On a lieu de louer, & même d'admirer, dans ce Tableau, & le génie

(*q*) Tableau de trois pieds quatre pouces de large ſur un pied neuf pouces de haut.

de l'invention & la vérité piquante d'un effet si avantageux, qu'il embellit le local représenté, de manière que ceux qui le voyent tous les jours sont surpris de la beauté qu'ils n'y avoient pas apperçue. 3°. Deux Tableaux, à gouasse, représentans les ruines de la Foire S. Germain occasionnées par l'Incèndie ; l'effet de ce spectacle est vivement & fidélement exprimé. 4°. Un autre Tableau, dont le Sujet, très-intéressant de soi-même, est rappellé avec la plus grande vérité. C'est l'instant de la *Pose* de la Statue Equestre du Roi, dans la nouvelle Place, lorsqu'après l'avoir enlevée, on la descend sur son Piédestal. La plus jolie composition, les meilleurs effets & le goût le plus juste dans le genre, distinguent ce Morceau. On y voit, on y retrouve la multitude qui remplissoit la place, on croiroit en entendre le bruit. M. *de Machy* nous a encore exposé des Tableaux de *Ruines* dans lesquels on reconnoît toujours les talens qui constituent la réputation de cet Artiste.

M. DROUAIS *le fils.*

Le pinceau de M. *Drouais le fils* a

rempli l'attente du Public & par le nombre & par l'agrément de ses productions. On sçait avec quels applaudissemens elles ont été vues aux précédentes expositions & dès le premier moment même que cet Auteur a paru sur la Scène du Sallon, Théâtre aussi avantageux au vrai mérite des talens que dangereux pour lam édiocrité. Ceuxde ce Peintre non-seulement en soutiennent toujours l'épreuve avec honneur, mais ils y acquiérentde nouveauxsuffrages à chaque nouvelle *représentation*:car nous croions qu'on peut considérer ainsi chaque exposition publique. La fraîcheur du pinceau, l'éclat & le piquant des effets qu'on peut tirer des emplois de la lumière, sont les principales qualités qui caractérisent le talent de M. *Drouais* dans l'exécution, ainsi que le choix gracieux dans l'arrangement & dans la position des objets. Ces qualités réunies, font remarquer avec grand plaisir tous les Tableaux & tous les Portraits de cet Auteur. On est principalement frappé de celui où il a peint Monseigneur le COMTE D'ARTOIS & MADAME jouant avec une Chévre. Ce Morceau est de la plus agréable invention; & malgré la hauteur où la nécessité de l'ordre général a forcé de le placer au Sallon, l'éclat & les grâces dont il brilloit, ont attiré tous les regards. Nous devons observer néanmoins que cette élévation où se sont trouvés placés quelques Ouvrages du même Peintre, a pu faire un obstacle à la distinction qu'ils méritoient, les objets qui y étoient représentés n'étant pas faits pour être vus d'une si grande distance.

Ce que nous venons de dire à l'avantage de ce Tableau de M. *Drouais*, est applicable à tous les autres. On ne peut cependant refuser des éloges particuliers au Portrait d'un très-joli petit Garçon en *Pierrot*. C'est un morceau du genre & à-peu-près de l'effet du *petit Polisson au Portefeuille* qui a été vu précédemment & qui a fait tant d'honneur à ce Peintre. La *petite Nourrice* ainsi que le Portrait d'une petite Fille charmante jouant avec un chat (deux Tableaux ovales) sont du même mérite. On ne peut se faire une idée trop agréable du piquant qu'il y a dans ce dernier Morceau. Ceux qui en connoissent le modéle (*r*) doivent convenir que s'il a

(*r*) Mlle SILVESTRE, fille de M. SILVESTRE, Peintre du Roi de Pologne, & petite-fille de feu M. SILVESTRE, Directeur de l'Académie.

prêté

prêté au talent du Peintre, celui-ci à son tour en a si bien saisi la grâce & la finesse de caractère, que l'on ne pouvoit mieux répondre à cet heureux choix de la Nature. (*s*)

M. Voiriot.

Dans plusieurs Portraits de ce Peintre on reconnoît les fruits des bons principes de l'Art. Le Public, non plus que nous, ne peut juger de l'exactitude des ressemblances dans les Portraits des Particuliers. Mais nous y pouvons distinguer la bonne manière de peindre les têtes, l'ensemble des parties, le ton vrai & l'accord du coloris, ainsi que le meilleur choix des attitudes, &c. En examinant les Ouvrages de M. *Voiriot* sur toutes ces conditions requises, nous trouverions beaucoup de choses à dire, favorables à son talent.

M. Doyen.

Ainsi que tous les Amateurs de la gloire de l'Art, nous avons déjà applaudi au beau feu & à la courageuse

(*s*) Ce Tableau est du Cabinet de Madame de *Pompadour*.

émulation de M. *Doyen*. C'eſt avec un nouveau plaiſir que nous le voyons continuer de s'exercer dans le plus grand genre & ſur des Sujets empruntés du plus grand Peintre en Poëſie. (*t*)

Celui du Tableau de cette année, eſt le moment où *Ulyſſe* vient de faire tirer *Aſtianax* du Tombeau de ſon Père, & où il commande de précipiter cet Enfant du haut des murailles, malgré les cris & tous les efforts d'*Andromaque* pour arracher ſon fils des mains du Soldat qui s'en eſt ſaiſi. (*u*)

La compoſition de ce Tableau eſt ſans contredit une des grandes machines, qu'on entreprenne en Peinture. L'Auteur, ſoit pour la rendre plus diſtincte, ſoit pour quelqu'autre raiſon que nous ignorons, ſemble avoir diviſé ſa Scène en deux Parties. Un intervalle vuide & aſſez conſidérable, ſépare *Ulyſſe* & ſa ſuite des grouppes que forme *Andromaque* avec ſes ſuivantes, *Aſtianax*, ſes Raviſſeurs, &c. Pour comprendre comment ſe trouve cet intervalle, il faut ſçavoir que le *ſite* ſur lequel ſont les

(*t*) *Homère*.

(*u*) Ce Tableau a 21 pieds de large ſur 15 pieds de haut. Il appartient à l'Infant Duc de Parme.

Perſonnages de l'action, eſt de beaucoup plus élevé que le Plan éloigné où paroiſſent, au milieu, les troupes de Soldats dont on n'apperçoit que le ſommet des têtes. Les Connoiſſeurs, ainſi que ceux qui ne jugent que par ſentiment naturel, ſeront toujours également contens de la grande & touchante expreſſion qui règne dans toute la partie qui comprend les groupes d'*Andromaque* & de ſes Suivantes. On reconnoît & on doit être pénétré de la belle intention qui caractériſe ſur-tout la douleur d'*Andromaque*. La chaleur & le ſentiment n'ont peut-être pas permis au Peintre de conſerver une ſorte de proportion ſubordonnée entre les ſignes expreſſifs de cette Figure principale & ceux des Femmes qui l'accompagnoient : mais plus on connoîtra la grande expreſſion du Pathétique en Peinture, plus on trouvera de belles choſes à remarquer dans cette partie du Tableau. L'autre partie, où l'on voit *Ulyſſe*, à la tête des Chefs de l'Armée, donner l'ordre barbare qui fait le point de l'Action, pourroit peut-être donner lieu à plus de critique. Nous n'en entreprendrons pas la diſcuſſion. Plein de ſon Sujet, rempli du ſublime de ſon Poëte, du caractère des Perſonnages, il ne ſeroit pas étonnant que le Peintre eût un peu exagéré les attitudes; & que la ſageſſe & les grâces des proportions n'euſſent cédé quelquefois, ainſi que la vérité des couleurs locale, au feu de l'inſpiration. Nous ne penſons être démentis par perſonne & pas même par ſes rivaux, en donnant de juſtes éloges au beau génie de cet Artiſte, & en l'exhortant encore plus que jamais par une application digne de ſes grands talens, de porter la perfection dans la pratique, au même degré d'élévation que nous reconnoiſſons dans ſes penſées.

Ce grand Morceau eſt le ſeul Ouvrage de M. *Doyen* qui ait été expoſé cette année. La grandeur du Sujet & le mérite du genre, dédommagent du nombre.

M. FAVRAY, *Chevalier de Malte, Académicien.*

La curioſité du Public doit ſçavoir très-bon gré au laborieux & patient travail de ce *Chevalier* Académicien. Il nous a mis en état de connoître l'Egliſe de S. Jean de Malthe (*x*), l'une des plus

(*x*) Ce Tableau a ſix pieds de haut ſur 5 de large. Il a été fait à Malte, & il eſt du Cabinet de M. le Chevalier de *Caumartin*.

considérables de la Chrétienté, aussi parfaitement, que si chacun de nous se fût transporté sur le lieu. La fidélité & l'exactitude des détails, qui sont innombrables dans cet édifice, méritent considération & distinguent particulièrement ce Tableau. Il est animé de plus, par la représentation d'une très-grande cérémonie dans l'ordre. (y) On y distingue toute la Noblesse de cette illustre Religion, chacun selon son rang & sa dignité. On y voit aussi, dans la partie inférieure de ce Temple, tous les divers Habitans de Malthe. L'avantage de voir & de connoître tous ces différens *Costumes*, doit mériter à l'Auteur la reconnoissance de tous ceux qui ont cette louable curiosité. Pour la mériter encore davantage, M. le Chevalier *Favray* a développé d'une manière encore plus distincte ces *Costumes* intéressans, dans trois Tableaux particuliers. L'un nous ouvre l'intérieur d'un appartement occupé par une Famille Maltoise. Les deux autres des Femmes de la même Isle, de différentes conditions. Un de ces derniers Tableaux a été accepté par l'Académie pour la Réception de l'Au-

(*y*) La fête de la Victoire instituée en mémoire de la levée du siége de Malte en 1565.

teur. Les Artiſtes & les Amateurs doivent être ſatisfaits de voir un Membre de cet Ordre ſe mettre dans la Peinture. C'eſt renouveller un traité d'alliance entre la Valeur, la Nobleſſe, & les Arts.

M. CASANOVA.

Le même feu d'imagination, la même chaleur dans la compoſition & dans la couleur, qui avoient fait l'objet de nos remarques en 1761, éclatent dans les Tableaux que M. *Caſanova* a expoſés cette année & principalement dans le *Combat de Cavalerie* que l'Académie a accepté pour ſa réception. Si nous avions quelqu'obſervation nouvelle à faire ſur cet Artiſte, ce ſeroit pour remarquer dans ſes Ouvrages plus de correction de Deſſein qu'il n'y en avoit dans les précédens.

M. GREUZE.

La grande célébrité de cet Artiſte, celle particuliérement du fameux Tableau de la dernière expoſition, doivent nous faire craindre avec raiſon de ne pas réuſſir à donner une aſſez grande idée de celui qui fait l'objet actuel de notre admiration. Tout le monde connoît le Sujet de l'agréable Scène du *Père de famille* dans l'instant où M. *Greuze* nous le montre donnant sa fille, avec la dot, à un honnête garçon qu'il instruisoit de ses devoirs. Dans une autre Scène moins riante, mais peut-être encore plus morale, il nous représente aujourd'hui les fruits de ces sages exhortations & tout ce qu'elles peuvent faire germer de vertus dans un bon naturel. C'est la *piété filiale* qui fait le Sujet des nouveaux succès de ce Peintre de la Nature & du Sentiment.

Le Personnage dominant du Tableau est un vénérable Vieillard de 80 ans, & paralytique ; un fils aîné qui le sert & lui administre la nourriture qu'il ne pourroit prendre de lui-même, suspend ce respectable office pour écouter les expressions de reconnoissance du Vieillard qui semble prédire à ce tendre fils qu'il trouvera un jour, dans ses enfans, la récompense du pieux service qu'il lui rend. La *Bru*, femme d'environ 23 ans, cesse sa lecture pour écouter avec admiration la sagesse des discours du vénérable Vieillard, dont on s'apperçoit qu'elle envisage la fin prochaine avec douleur. La femme du Paralytique, dont l'âge paroît être de 60 ans, a suspendu son travail par le même motif, & regarde avec attendrissement le père & le fils. Un garçon de 18 ans rapproche sur les jambes de ce Vieillard une couverture qui s'étoit dérangée. Un autre de ses petits-fils, âgé de 15 ans, lui apporte à boire ; il s'arrête pour écouter ; il paroît touché de ce qu'il entend. Un enfant de 3 ans vient lui présenter un oiseau qui se débat dans ses mains ; il est prêt à témoigner de l'impatience de ce que son grand-père ne répond pas à l'amusement qu'il pense lui procurer. Un autre petit frère, qui est derrière le fauteuil, fait effort pour passer du côté de l'oiseau. Une jeune fille de 14 à 15 ans soutient la tête du Vieillard avec un air de peine & d'attention, mais dans un caractère d'intérêt subordonné aux autres ; ce qui est naturel à la légéreté de cet âge, & fort ingénieusement placé, tant pour varier que pour établir une propoition de sentiment entre les divers personnages d'une scène si touchante.

On sera peut-être surpris de l'exposé que nous venons de faire, contre l'opinion vulgairement répandue sur les Personnages de ce Tableau. On vouloit les retrouver entièrement les mêmes que dans le Tableau du *Père de Famille.* Nous croyons cependant pouvoir assurer que la description qu'on vient de lire est exactement conforme à l'intention du Peintre Ce Vieillard paralytique n'est point celui qu'on a vû faire les fiançailles de sa fille dans le précédent Tableau de M. *Greuze*, on ne peut y trouver aucune ressemblance, & cela n'a pas dû entrer dans le projet du Peintre. Puisque son objet étoit de représenter la *Piété filiale*, ce qu'on ne peut révoquer en doute; il faut donc an contraire que ce Vieillard soit le Père du Garçon qui dans l'autre Tableau recevoit la dot des mains du Père de la femme, qui dans celui-ci, assiste aux derniers momens de son Beau-Père. On reconnoît en effet & l'on retrouve facilement dans le Fils & dans la Bru les traits des jeunes Fiancés de l'autre Tableau, un peu flétris dans la femme par la fécondité & par les soins du ménage, comme dans le mari, par le travail de la vie rustique: mais tous les petits calcule de vraisemblance sur les âges & sur les figures des Personnages, fondés sur l'intervalle du temps écoulé entre l'exposition de ces deux Ouvrages, sont détruits en observant 1°.

Que la ſcène eſt tranſportée dans la famille du Marié. 2°. qu'il ſeroit puérile de penſer que les perſonnages de cette action, n'ont pû vieillir que d'autant de temps qu'en a mis le Peintre à les repréſenter. Comme s'il n'étoit pas permis à un Artiſte d'offrir en même temps deux points différens d'hiſtoire, dont les perſonnages fuſſent dans l'un, de la premiere jeuneſſe & dans l'autre d'un âge bien avançé. On ne ſçauroit remarquer avec trop d'éloges, dans le nouveau chef-d'œuvre de M. *Greuze*; la relation d'intérêt, celle d'attention & d'action, de chaque Perſonnage en particulier au principal objet. C'eſt le Père paralytique & mourant, qui eſt le centre de toutes les parties de la compoſition, dans ce Tableau; il eſt en même temps le principe & le but de tous les ſentimens, ſi diſtinctement exprimés par les airs de tête ainſi que par les attitudes diverſes de tous les perſonnages. Juſqu'à un acceſſoire épiſodique d'une Chienne de baſſe-cour allaitant ſes petits, tout témoigne dans cet ouvrage le génie de ſon Auteur, attentif à remplir les plus petites parties de ſon Sujet.

Nous n'entreprenons pas de détailler

tout ce que nous avons admiré dans ce Tableau, quant à la perfection des moyens pratiques de l'art. Indépendamment de ce que nous n'en expliquerions jamais bien toute l'étendue, nous répéterions ici ce que nous avons dit dans nos précédentes obſervations en 1761, ſur le Tableau du *Père de Famille.* (z) C'eſt la même touche, la même entente des lumières, la même fonte des ombres avec les clairs, la même vérité d'effets, en un mot c'eſt toujours M. *Greuze*, & c'eſt ſuffiſamment déſigner le mérite de la manière dont ce morceau eſt éxécuté. On ne peut ſe diſpenſer cependant de faire mention particulière de l'art judicieux avec lequel la touche de ce Peintre a diſtingué tous les traits caractériſtiques relativement au ſéxe, aux âges & même aux nuances dans les âges de décrépitude. La tête du Vieillard eſt ſupérieurement admirable. Celle de ſa Femme, où la vieilleſſe eſt auſſi parfaitement prononcée, laiſſe pourtant appercevoir très-bien, la différence de la délica-

(z) V. les Obſervations de la Société d'Amateurs ſur l'Expoſition des Tableaux dans l'Obſervateur Littéraire, Tome IV. ou dans une Brochure particulière chez *Ducheſne*, à Paris, 1761.

teſſe de peau entre un ſéxe & l'autre, & la diſtance de 60 à 80 ans. Les mains ne méritent pas moins d'attention que les têtes dans ce beau Tableau. On ne doit pas taire non plus le ſuccès d'une entrepriſe hazardée en Peinture, qui eſt l'eſpéce d'adjonction d'une partie du viſage d'un des jeunes Garçons à l'une des mains du Vieillard, ſans que ces objets de carnation, ainſi rapprochés, nuiſent mutuellement à l'effet ni à la juſte vérité du Plan de chacun d'eux.

Il y a des diſputes de préférence entre ce Tableau & celui du *Père de famille.* (*a*) Plus ces ſortes de queſtions reſtent longtemps douteuſes, & plus elles aſſurent la gloire des Auteurs & le vrai mérite des Ouvrages.

A ce Tableau de diſtinction, on a joint dans l'expoſition, pluſieurs Têtes & un aſſez grand nombre de Portraits par M. *Greuze.* On connoît trop l'exeellente manière de ce Maître dans ces ſortes d'ouvrages pour nous y arrêter. On diſtingue parmi ſes Portraits celui de *Mgr le Duc de Chartres* & de *Made-*

(*a*) Le Tableau du Père de famille de la dernière expoſition appartient à M. le Marquis de *Marigni*; celui-ci étoit encore à l'Auteur lors de l'ouverture du Sallon.

moiselle. On aime dans un autre, à voir la fidéle & agréable ressemblance d'un célébre Amateur des Arts , aussi cher à ses amis qu'utile & éclairé pour les talens qu'il cultive. (b)

M. GUERIN.

Nous avons déja parlé de la manière avec laquelle M. *Guerin* traite en petit & à l'huile divers Sujets & Portraits historiés. On a exposé de lui plusieurs Ouvrages de ce genre (*c*) qui ne démentent point ce que nous avons dit de favorable sur cet Artiste dans nos précédentes observations. (*d*)

M. ROLAND DE LA PORTE.

Ce Peintre, déjà si célébre dans l'Art de tromper les yeux par le prestige de la Peinture, semble en avoir atteint la perfection, par l'imitation d'un bas-relief, avec sa bordure, qui paroît attaché sur un panneau de bois. Nous convenons

(*b*) M. WATELET de l'Académie Françoise, Amateur de celle de Peinture & Sculpture.

(*c*) Un entr'autres appartient a Madame la Marquise de *Pompadour*, & est copié d'après un de ses Portraits.

(*d*) V. les observations de 1761 chez *Duchesne* Libraire, Brochure in-12.

avoir nous-mêmes éprouvé l'illusion que fait une carte à jouer, qui paroît à demi enfoncée dans un joint du Panneau : l'erreur de la croire réelle & de relief, nous a été commune avec les plus habiles Maîtres de l'Art. Il y a plusieurs autres Tableaux du même Peintre : Ils représentent des fruits, des déjeuners &c. Ils sont tous d'un très-bon effet & de la plus grande vérité.

M. Brenet.

Si l'opinion des meilleurs Juges dans un Art, si l'avantage de concourir en Public avec les grands Maîtres, de partager avec eux l'attention d'un Public Connoisseur, sont autant de motifs d'encouragement, M. *Brenet* doit se proposer & se promettre d'atteindre aux premières places de la Scène, sur laquelle il a déjà les voix des Connoisseurs. Il ne peut trop s'attacher aux grands principes dont ses ouvrages annoncent qu'il suit fidélement les Loix. Ce Peintre a exposé des Tableaux du grand genre & d'une très-bonne touche. Nous répétons encore qu'il ne peut recevoir trop d'encouragemens & qu'il ne peut trop s'appliquer à y répondre.

M. Beaudoin.

L'admiſſion à l'Académie étoit déja un titre ſuffiſant pour une réputation très-honorable. M. *Beaudouin* vient de la confirmer avec éclat, & de juſtifier le ſuffrage des Académiciens par le Morceau accepté pour ſa réception. Le Sujet de ce Tableau eſt *Phriné* accuſée d'impiété au Tribunal de l'Aréopage, & défendue par un Orateur qui découvre en préſence des Juges la tête & le ſein de cette belle Femme. Cet Ouvrage eſt un des plus grands que l'on puiſſe exécuter dans le genre de la Miniature, non ſeulement par l'étendue de la forme, mais par celle de la compoſition & par la manière dont il eſt exécuté. Tout y eſt bien entendu, & avec une largeur peu commune dans cette ſorte de Peinture. Les effets ſont vrais, les caractères juſtes, les grouppes artiſtement diſpoſés, l'enſemble bien enchaîné, en un mot c'eſt une belle & grande machine dans un petit eſpace.

L'idée d'un petit Tableau à gouaſſe, repréſentant un Catéchiſme de jeunes Filles eſt encore du même Artiſte; cette production d'une invention fort agréable est secondée par beaucoup d'esprit dans l'exécution.

Les Portraits, que l'on voit en grand nombre par M. *Beaudoin*, ne sont pas moins d'honneur à son talent, puisqu'on apperçoit dans prèsque tous, le fruit de son alliance avec le Peintre des graces.(*e*)

M. LOUTHERBOURG.

Voici une nouvelle acquisition pour l'Académie, qui promet d'en soutenir l'éclat dans des genres très-intéressans pour un grand nombre de Curieux. Ce jeune Athléte, à l'âge de 22 ans, court déja à pas de géant dans la carrière des meilleurs *Paysagistes* & Peintres de *Batailles*. Parmi un grand nombre d'ouvrages exposés par cet Artiste, & dans chacun desquels on trouve des motifs d'éloges, les Connoisseurs en distinguent plusieurs : entr'autres, un assez grand Paysage, du meilleur ton, du genre le plus estimable, & qui peut sans doute supporter la comparaison des plus belles productions de cette espéce.

Il paroît que M. *Loutherbourg* s'est

(*e*) M. *Beaudouin* est un des gendres du célébre M. *Boucher*.

attaché à l'imitation des différens effets de la lumière dans les différentes heures du jour. On a lieu d'applaudir aux progrès qu'il a déja faits dans cette utile étude.

TABLEAU en Tapisserie, exécuté par M. AUDRAN à la Manufacture Royale des Gobelins.

Ceçi est le miracle d'un Art que l'Europe peut nous envier, mais qu'aucun Peuple de la Terre ne sçauroit nous disputer. Cet effort de la Manufacture des Gobelins, indépendament de son auguste objet (*f.*), méritoit d'être placé au milieu de nos chefs-d'œuvres de Peinture, avec laquelle prèsque tout le Public l'auroit confondu, non pas au premier aspect seulement, mais après une attention très-reposée, sans l'indication qui se trouve à la fin du Livre d'explication. Nous n'exigeons pas qu'on se prête à la nature des matières ni à la main-d'œuvre de cette fabrique, pour vérifier la vérité que nous venons de dire sur cet admirable Ouvrage en Ta-

(*f*) Cette Tapisserie est d'après le Portrait du Roi par M. LOUIS-MICHEL VANLOO qui étoit exposé au dernier Sallon en 1761.

DESCRIPTION
DES OUVRAGES
DE SCULPTURE,

EXPOSÉS au Salon du LOUVRE
En 1763.

SUPPLÉMENT à la description des Tableaux.

AVEC DES REMARQUES.

Par la même Société d'Amateurs.

OUVRAGES DE SCULPTURE.

N. B. *On distribuera gratis aux personnes qui ont la Description des Tableaux en brochure in-12, ce Supplément pour les Ouvrages de Sculpture.*

On s'adressera au Bureau du Mercure de France, rue Ste Anne, à Paris.

M. LE MOINE.

LE plus apparent des Ouvrages de ce célébre Artiste, est un Buste du ROI, éxécuté en marbre. On reconnoît dans ce morceau, l'application que M. *le Moine* a toujours employée à suivre dans tous les âges, le Portrait d'un Monarque, toujours également cher à ses Peuples ; dont le grand caractère de la tête fournit aux Arts dans toutes les époques, l'objet d'une étude intéressante & de la plus louable émulation. Comme cet Ouvrage ne paroît pas encore entiérement fini dans toutes ses parties, on ne s'arrêtera pas sur ce qu'il y auroit à desirer actuellement dans le travail de la Draperie & de la chevelure ; ce qui ſe trouvera certainement terminé, avec toute la perfection ordinaire à ce grand Artiſte, lorſqu'il y aura mis la dernière main.

Le Buſte de Madame la Comteſſe DE BRIONNE, par le même Auteur, réunit à l'avantage de repréſenter fidélement toutes les grâces & la beauté de l'original, la fineſſe & la légéreté de la touche, ce qui fait paſſer avec agrément dans le travail de l'Art, le caractère ſpirituel de la Nature.

Nous avons crû, au premier aſpect, appercevoir dans ce Buſte en terre cuite, le ſecours étranger de la couleur, légérement employé dans quelques parties ; mais comme cet artifice eſt aujourd'hui décidément proſcrit dans la Sculpture, nous n'oſons affirmer qu'un Artiſte auſſi éclairé ſur les vrais principes de ſon Art, ait employé ce moyen.

Le Buſte qui repréſente M. DE LA TOUR, Peintre, doit être regardé comme un modéle de perfection à tous égards : de même que l'eſt en Peinture le Portrait de M. le MOINE par M. DE LA TOUR.

M. FALCONET.

Le Groupe de marbre, qui a ſi

ſingulièrement attiré l'admiration de tout le Public, repréſente *Pigmalion* aux pieds de ſa Statue dans le moment qu'elle s'anime. Un petit Amour qui a la bouche ſur un des bras de cette figure, ſemble être la ſource & l'auteur du feu qui lui donne l'âme & dont par le plus agréable des preſtiges, l'Art indique aux yeux du Spectateur les progrès du ſouffle embrâſé de cet Amour. C'eſt cette diſtinction des parties déja animées de la ſtatue d'avec celles qui ne ſont encore que matière, qui paroiſſoit rendre ce ſujet ſupérieur aux poſſibilités de l'art, & qu'en effet nous ne ſçavons pas avoir été traité en Sculpture précédemment par aucun Maître antique ou moderne.

Plus on conſidère ce Groupe, plus on y remarque, avec ſurpriſe, dans la ſtatue de la femme, une expreſſion ſi juſte & ſi habilement ſaiſie, quelle préſente les nuances délicates de l'étonnement, du mouvement, prèſque inſenſible dans ſes effets, & des premiers ſentimens d'un Etre qui tient la vie du pouvoir de l'Amour & reçoit en même temps toutes les paſſions, ſi douces dans leur naiſſance, qui réſultent de ſes premiers feux. Le ſentiment naïf & fidèle d'où provient l'intérêt, la ſimplicité du caractère de deſſein, l'unité (ſi l'on peut dire) *ſuave du trait*, diſtinguent éminemment cette charmante figure. Telle eſt par rapport à cet objet la foible idée que nous pouvons donner de l'art du Sculpteur. Dans la figure de *Pigmalion*, cet art n'eſt pas moins éloquent. Il eſt, comme nous l'avons déja dit, aux pieds de la ſtatue ; on ſent à ſa poſition le mouvement par lequel il eſt prêt à s'élancer vers elle ; ſes deux mains ſont ſerrées l'une dans l'autre, action naturelle à la ſituation & qui marque en même temps & le prodige & le ſentiment qui en réſulte. La joie, la ſurpriſe & l'amour ſont exprimés avec un tel enthouſiaſme, dans ce *Pigmalion*, qu'on doute ſi ce n'eſt pas plutôt par ſes regards que la ſtatue eſt animée, que par le pouvoir ſurnaturel des Dieux qu'il invoque. L'action du petit Amour, ſur la ſtatue, eſt un des plus heureux traits de l'invention. C'eſt par ce moyen que l'Artiſte a très-bien ſuppléé à celui que pourroit employer la Peinture, & qui ſembloit manquer à la Sculpture. Il a rendu plus ſenſible l'effet par la cauſe, & moyennant cet Amour, on apperçoit plus clairement encore le changement de la matière en une figure animée. En un mot, on ne prendra qu'une idée juste de ce Groupe, en se figurant voir réaliser la fable même qu'il représente.

M. VASSÉ.

Le morceau qui nous à le plus frappé, est une figure de 4 pieds 6 pouces faisant partie du Tombeau de Madame la Princesse *de Galitzin*. Cette figure représente une femme couchée sur un socle carré, pleurant sur une urne cinéraire qu'elle couvre de sa Draperie. Elle est d'un fort beau genre, & dans le goût de l'antique ; les Draperies légères laissent appercevoir les contours & la souplesse des mouvemens du nud.

On voit du même Auteur plusieurs bustes, entre lesquels on doit en remarquer un très-bien modelé, qui représente PASSERAT. C'est un des monumens de la munificence d'un Citoyen de *Troyes* * pour immortaliser les hommes illustres de sa Patrie.

* M. GROSLEY, Avocat, Correspondant de l'Académie Royale des Inscriptions, fait présent à l'Hôtel-de-Ville de Troyes, de ce Buste pour completter la suite des Hommes illustres de cette Ville.

On a vu par le deſſein qu'a expoſé M. VASSÉ, quel devoit être l'enſemble du Mauſolée de Madame la Princeſſe *de Galitzin*. Il eſt noble, touchant & digne de la mémoire de cette Princeſſe, chère aux Lettres & aux Arts.

M. PAJON.

Un modéle en plâtre, d'une figure d'environ quatre pieds & demi de proportion, a fait beaucoup d'honneur aux talens & à l'application de cet Artiſte. Il repréſente la *Peinture*. On peut dire, ſans outrer l'éloge, que cette figure eſt le triomphe du ſtyle Antique. La naïveté & la tranquillité de la poſition dans la figure, de même que le caractère des étoffes & la conduite des plis, forment un heureux enſemble de grâces & de ſimplicité intéreſſante. C'eſt ainſi que l'on doit traiter ce genre, pour le traiter ſans froideur & avec un ſuccès général.

On a remarqué avec plaiſir pluſieurs Portraits, entre autres celui de M. *Aved*, Peintre. La vérité de la touche & celle de la reſſembance y ſont réunies.

Un fort joli Ouvrage du même Artiſte a mérité des obſervations très-favobles. C'eſt un enfant, de pierre de

Tonnerre, qui mange des raiſins en marchant. Il ſemble animé par la gaîté de l'âge & par le plaiſir. Cette figure eſt très-bien faite ; la pâte & les molleſſes de la nature y ſont exprimées avec vérité. C'eſt en terminer l'éloge que d'annoncer qu'elle a ſçu plaire aſſez au célébre M. BOUCHER, pour s'en rendre propriétaire.

Nous ne pouvons garder le ſilence ſur un deſſein-eſquiſſe, par le même M. PAJON, qui repréſente *Lycurgue*, donnant un Roi aux Lacédemoniens. S'il étoit permis à la vérité de ſe livrer aux expreſſions de l'enthouſiaſme, nous pourrions dire, en parlant de ce deſſein, que l'on eſt tranſporté à Lacédémone même, où l'on voit avec une fidélité ſingulière, l'auſtère ſimplicité d'un Peuple Philoſophe, dans ſes mœurs, dans ſes vêtemens, dans ſes meubles, dans tous ſes uſages & juſques dans les fabriques de ſes bâtimens.

M. CHALLE.

Nous avons vû, de M. CHALLE, une petite figure en marbre repréſentant une Vierge enveloppée de ſes vêtemens. Il y a dans le tour de tête & dans le croiſement des mains une intention heureuſe, & auſſi agréable, qu'elle puiſſe être dans un Sujet ſérieux. Cette figure traitée en plus grand, prendroit ſans doute plus de régularité dans l'enſemble & plus d'ordre dans les plis; ce qui en feroit une très-belle Statue.

On devroit peut-être laiſſer ſous les voiles du ſilence un morceau par lequel l'Auteur a voulu repréſenter la découverte de l'Amérique par *Chriſtophe Colomb*. Ce fameux voyageur y paroît nud, levant d'une main une draperie pour découvrir le Globe terreſtre du côté où eſt décrite la partie de l'Amérique. Nous n'entrerons pas dans une diſcuſſion critique ſur cet Ouvrage qui n'eſt pas ſans mérite, mais qui, à beaucoup près, n'eſt pas auſſi heureux dans l'invention; attendu le peu de ſuccès qu'on doit eſpérer toutes les fois qu'on voudra emprunter pour une compoſition figurée, ce qui en eſt ſi peu ſuſceptible.

Un petit modéle de *Caſtor* ſur un cheval deſcendant aux enfers, mérite des éloges dans la compoſition.

M. CAFFIERI.

Parmi les trois Buſtes de M. CAFFIERI, qui tous trois ont du mérite du côté de l'art, ainſi que pour la reſſemblance, on diſtingue ſurtout le Portrait de S. A. S. Mgr le Prince *de Condé*. Celui de M. *Taitbouſt*, Conſul de France à Naples, a un caractère frappant qui ne laiſſe pas douter de la fidélité du Portrait à ceux mêmes qui ne connoiſſent pas l'original. On doit ſçavoir gré auſſi à cet Artiſte d'avoir dépoſé à la Poſtérité les traits d'un homme auſſi célébre dans la Poëſie que l'eſt M. PIRON. Nous avons remarqué auſſi combien les Connoiſſeurs & les Amateurs des belles formes ont donné d'éloges à de petits vaſes de marbre qu'a expoſés M. CAFFIERI. Ce genre quoique très-ſubordonné à la figure, eſt cependant ſi intéreſſant pour la belle & riche décoration, qu'on ne ſçauroit lui donner trop d'encouragement.

M. ADAM.

Le *Prométhée* a fait l'objet de l'attention du Public. On doit tenir compte à M. ADAM, du déſintéreſſement & du zele qui lui ont fait offrir à ſa compagnie un morceau tel que celui-ci. Le prix du travail & les recherches laborieuſes y donnent une double valeur pour le Public & pour les Connoiſſeurs.

Si jamais les difficultés vaincues ont eu l'avantage d'obtenir l'admiration & l'étonnement, c'est particulièrement dans cet Ouvrage. Malgré tout le mérite de ce morceau, on ne peut se dispenser néanmoins pour l'intérêt du goût, d'avertir que les plumes de l'Aigle sont travaillées d'une manière entierement opposée à la vérité de la Nature, ainsi que la fumée du flambeau jetté aux pieds du Rocher. Il n'est pas plus possible de se dissimuler que la tête du *Prométhée* prononce plutôt des efforts chargés, qu'elle n'exprime le sentiment vrai de la douleur. Nuance, à la verité, difficile à saisir dans une juste précision lorsque la situation est aussi violente que celle de cette figure : mais en tout, il n'est peut-être pas hors de propos de remarquer qu'en général, les yeux du vulgaire confondent souvent l'exagération du Sujet représenté, avec la force de l'Art.

M. D'HUÉS.

La figure de *S. André*, rendant graces à Dieu sur la Croix, est très-bonne, d'un dessein correct, d'un sentiment juste &, en tout, a fait beaucoup d'honneur aux Talens de l'Artiste. A l'inspection de cet Ouvrage, on est bien fondé à préſumer par la ſuite des productions les plus avantageuſes à la gloire de cet Académicien.

M. MIGNOT.

On a vû au Sallon, de cet Artiſte, des Médaillons exécutés en marbre pour être placés à l'Hôtel-de-Ville de Paris, qui repréſentent M. Le Duc DE CHEVREUSE, Gouverneur. M. PONT-CARRÉ DE VIARMES, Prévôt des Marchands. M. *le Mercier*, premier Echevin & M. *Mabil* ſecond Echevin. Ces Monumens conſerveront la mémoire de l'époque heureuſe où les plus fidéles Sujets ont conſacré un pompeux Monument de leur zéle au plus aimé des Souverains.

On ne parlera point dans cette deſcription générale, des Eſtampes expoſées par les Graveurs de l'Académie; non qu'elles ne méritent toutes des éloges, & qu'il n'y en ait même un grand nombre qui en éxigeaſſent de diſtingués : mais parce que l'uſage étant d'en faire mention dans chacun de nos Mercures, à meſure que ces heureuſes productions d'un Art ſi eſtimable paroiſſent au jour, ce ſeroit en quelque ſorte ici, un double emploi.

N. B. On a remarqué en commençant cette deſcription, quelle gloire il réſultoit pour la Nation, de pouvoir dans l'eſpace de deux ans raſſembler un auſſi grand nombre de Chefs-d'œuvre que l'on en voyoit au Sallon. Combien cet étonnement doit-il augmenter, lorſque l'on conſidère. 1°. Dans les Tableaux, la quantité de ceux qui reſtent ou dans les Cabinets des Peintres ou entre les mains des Particuliers & qui ne peuvent être placés à l'expoſition. 2°. Un plus grand nombre encore de Monumens précieux dans la Sculpture, tant en Modèles qu'en Statues finies, dont la grande proportion ne peut être admiſe au Sallon. En effet ce qu'on y voit, ce qu'on y admire dans cet Art, n'eſt qu'un très-foible extraît de ſes productions annuelles. Par exemple, c'eſt avec un juſte regret, ſans doute, que le célébre M. le MOINE n'a pû expoſer aux yeux du Public le Modèle en grand, du Mauſolée de l'Illuſtre CRÉBILLON, Monument d'honneur pour la Littérature Françoiſe, & d'une éternelle reconnoiſſance de ceux qui la cultivent, pour la bonté du Souverain. Le Sujet de ce Mauſolée qui doit être exécuté en Marbre, eſt la Muſe de la Tragédie qui pleure ſur le Buste de l'Illustre Poëte, dont elle regrette la perte. On ne peut rien voir de plus noble & d'une expression plus juste que cette Figure, dans toutes ses parties, & même dans tous les accessoires qui concourent à l'exposition du Sujet.

C'est par erreur que l'on a dit à l'Article de Madame VIEN, que sans l'exemple de Mlle ROSA ALBA, l'honneur d'être admise à l'Académie Royale seroit unique pour cette Dame. Mieux instruits, nous croyons que l'on trouvera ici avec plaisir les noms & les genres de talens des femmes distinguées dans les Arts, par cette honorable admission.

Dlle Catherine DUCHEMIN, femme de GIRARDON, peignoit les fleurs, & fut reçue en 1663.

Dlle Généviéve de BOULONGNE, Fille aînée de Louis de BOULONGNE, peignoit l'Histoire, les fleurs & les fruits. Elle fut reçue en 1669.

Magdeleine de BOULONGNE, seconde fille de Louis de BOULONGNE, peignoit aussi l'Histoire, les fleurs & les fruits, elle fut reçue le même jour que sa sœur.

Dlle Elizabeth CHERON, peignoit l'Histoire, le Portrait, & gravoit, elle fut reçue en 1672.

Dlle ROSA ALBA-CARIERA, dont tout le monde connoît le genre de talens, avoit été reçue en 1720.

Voilà les *Virtuoses* qui ont précédé Mde VIEN, à la mémoire desquelles nous nous empressons de restituer ce que notre précédente erreur avoit innocemment dérobé.

www.ingramcontent.com/pod-product-compliance
Ingram Content Group UK Ltd.
Pitfield, Milton Keynes, MK11 3LW, UK
UKHW021615260726
13994UKWH00003B/1010

9 782329 425856